i s' t a s' y ö n

is'tas'yön
İstanbul, Temmuz 2005
Birinci Baskı

AKYÜZ YAYIN GRUBU | İLETİŞİM KÖPRÜSÜ

Yayın Grubu Başkanı : Muammer Akyüz
Yayın Koordinatörü : Ahmet Altın
Yayın Editörü : Aziz Kemal Hızıroğlu
Yayıma Hazırlayan : Akyüz Yayın Grubu
Teknik Hazırlık : Meryem Alper
Kapak : Hakan Sürsal (Kolaj)
ISBN : 975-6481-67-6
Baskı : Can Matbaacılık
(0212) 613 1077

AKYÜZ YAYIN GRUBU LTD.ŞTİ.
Neşet Ömer Sokak No.: 10/17
Kadıköy İş Mrk. Kadıköy / İstanbul
Tel : 0216. 349 43 15

Hakan Sürsal

is'tas'yön

t ü m z a m a n l a r y a y ı n c ı l ı k

'i s 't a s 'y ö n' insana dair parçalardan oluşuyor. Dokunabildiğince her köşeden, varoluştan bu güne trenler geçiyor içinden. Kolay ve konforlu bir yolculuk beklemeyin. İç içe, birbirinden ayıklanması zor hislerle kuşatılacaksınız. Bazen kafanız karışabilir. Dert etmeyin bunu. İşin içinde insan var ve yüzleşiyoruz. Bir ayna tutuyoruz her tarafı sır. Önemli olan nereden bakıldığı da değil. Ancak dikkat edin! Ruhunuz uçlar arası boşluklarda kaza yapabilir.

Ben biraz huysuzum, biraz rüyasız. Yazıyorum. Görmediği rüyaları yazan biriyim. Kim bilir belki hiç görülmeyecek rüya tasarlıyorum, uykuları bölmek adına. Kimse sizin kadar iyi anlamaz anlattığınız şeyleri. Belki bu yüzden hepimizin gürültülü bir suskunluğu vardır. Kulak kabartmak gerek.

Yaşam önemli. Olağan bir sürecin ardından o gün, toplanmaya fırsat bulamadan elimizden tutar ölüm. Anlamları tüketir, gideriz. Belki de başka biçim ve/ya boyutta geri gelme(me)ye.

Herkese uğurlar ola istasyon arası yolculuklarda. Kim bilir, karşılaşırız bir gün.

Şair bulunduğu yerde kalıyor. (şimdilik!)

dünyanın dar bir köşesinde
kimler bende
ben kimlerde...

elma

çocukluğumdan kalan tek hatıra(m) ben-im
ten rengiydi bedenim
elimde dünya vardı
ısırdım yedim...

kişiye özel yarı senfonik ağıt

içinizden bana 'iyi adam' diyen çıkabilir
veya
yanılmış olabilir

ahkâmı endamından büyük çınar ağacı haşmeti
abarttı isem şöyle diyelim
'şehveti kıyıya vuran orospu balinalar'
ve bir bardak su

nerede kaldığımı unuttum

ha, gelirseniz diyecektim
hayata dair çok aldatmacam var
ikinci el leyleklerim
(s)atılması bedava kurşun insanlar
baykuşlarım var tavuk karası
size ilticacı şiirlerim
cabası

gibi bir şeydi yaşadıklarım
o gün bu gündür
yarı senfonik eğriler çizerim
kişime özel tutanaklara
dış dünyalı bir şahit zabıt tutar belki
alfabenin öğretmediği
kadar
zordur
gördüklerim
aslında

zaman
bilmem neyine kadar yolun var
keyfim olur çile de çekerim

bu kadar.

uzam

küskün tarafa karanlık battı
ayılmamıştı etik-bilir sözcükler
aklıma yapışık harflerle örttüm açık seçikliği
içine kırık ninni parçaları kattım
yıldızlar ve karınca hakkında
ölüm tasvirleri okudum - şüpheli
'körebe'lendiğimiz günleri
kanatsız kuş öykülerinden bıkkınlığı konuştum
uyku battı gün doğdu
tek oldum
pijamamı boğdum lavaboda
devşirip gölgemi dünyaya soyundum...

gezgin

penceremi açar
ay vapuruna binerim
güvertede yıldız çeler aklımı

üşütmemek gerek
z(s)aman-yolu uzun
abartmam
köşesinden geri dönerim

asıl yol
imkansıza uzanmak
giyinikler arasına
çırılçıplak...

pamuk prenses ve mahşerin atlıları

sepette ne kadar çizgimiz var baba
sözlerimden alınır mı eğri süpürgeli cadılar
doğrular rutubetten mi yamulmuş
elmaları kim boyar
annem en güzel prenses midir
hangi cetvel daha sonsuz söyler mi bana
iç uzaydan mı döner yaptığım hesaplar

karnı aç dilberler istemem
kullanılmış apoletler istemem
yarısı eksik
yarım dilekli cinler istemem
bir de
at binmeye çalışan ahaliyle oynamam ben

beyaz prensi emzirir onlar
göğüs ucundan süvariler fışkırır
kayıp nal arayan savaşçıya itirazım var
karabasan çökecek üzerine
ben de pekâlâ varoluşçuydum
az kanayan cesetler yuhalanmadan önce

kabuğu kaç batında bir değişir
yaralıyken kızıp azarlar mı
dünya edepsiz midir
göğe yara bandı atsam tutar mı
ahali onu neden kışkırtır

soyut ilkbahardan sana cemre topladım
sizin oranın cadısı bizimkinden pasaklı
biz kutsanmış et adıyoruz üç bacaklı taylara
onlar büyük atlar olacak (mış!)
bizi koruyacak (mış!..)

kargaşa

mağdur bir hal var kuşlarda
meteor ezikliği diyelim

sabah
antik azınlığın işaret veremeden ölümü
öğlen
açlık kaygısı yarınki güneşin
akşam
kaskatı insan

ancak hiç bir zenciyi sebepsiz dövmedi
hiç bir soluk benizli
kemirilmiş değildi

süslü bir yıl çekti tombalacı içinden
sattık maceraları
karşılığında oyuncak verdi
kimimize Noel geldi

belki bu yüzden mağdur halleri kuşların
meteor özlemi diyelim

geri gelenlere 'olmaz' dediler
doğaya kim ki saygılı
asfalttaki fare leşini asmalı duvarına
hayvanat bahçesinde üç maymun
mağdur kuşlara sarılıp
öldüler...

iyi yapışmamış kemikler taşımaz sevdaları
taşımaz kemikler iyi yapışmamış sevdaları

dilenciler ve köleler

yaşamışlığına yakın
dirilmişliği olmalı insanın
di'li geçmişten dilek tutmalı
sonra boyamalı

sahaflardan kaçışım
mürekkep ko(r)kusundan değil
boş sayfalar
sonra şu resimsizlik

çizebilsem
bir düzine kahramanım olurdu
kütüphane bekleyecek
ellerinde kâğıt mızrak

asileri
dilenci beyine verirdim
yapraklarını yırtıp
çolak bıraksın öykülerini

herkes dilencisiyle iyi geçinmeli

habercisiyim fiestaların
demişti roman
uzağım o kadar sürelere
yine de

herkes kendi sadakasına köle

dayayıp meleği alnına
öğretebilmek kolay kendine
at sırtında lir çalmayı
'sen iste' demişti zaman
belki atın kanatlı da olur çocuk

sadece son sayfa hep eksik kalmalı...

edebiyatta çizgisiz eğriler

dar/ağacıma su verdim dallansın diye

korkarım martılar dert açacak başıma
hem kanatlarını çalmışım
hem ciddiyet örselenmiş
'özgürlük mü'
'denize tutsağız' diyorlar
çıkarları olmasa balıkçıları da sevmezlermiş
telif hakkı istiyor şıllıklar
avukatları İstanbul'muş meğer

çala kalem bastıracağım dantellerin ucunu

korkarım birilerinin yerine haykıracağım
çaresiz kalmışlar yaban ellerde
kitaplar 'olmaz' diyormuş
bak Juliet! o adamdan hayır gelmez sana
gel dağlara çıkalım
ucunda ölüm yok ya

uzun yolculuk var her cebimde bir galaksi

korkarım suç oranı okudukça artacak
ne yana çeksem de boyum uzasa
memeleri iki kırbaç vuruyor da vuruyor
adaletsizlik var böyle dövmemeli
ya biz yanlış anladık
ya Zerdüşt öyle demedi

ölüm ne kadar sonundaydı neyin

korkarım o zaman bu zamandır varmışız
buradayım demiş ağır yaşamlı genç adam
orta görgülü bayan 'ya ben'
'peki' demiş Einstein hem de izafi değil
yamuk da olsa etim var budum var
sızlanmış köprü altında çocuk 'ben de'
ama dikkate almayın siz
etim ne budum ne

ucunda zevk olmayan anılardan paraşütle atlanmaz

korkarım tanrı insana inanmış
ben de mısır patlatacağım
önce Anubis...

diğer şeyler

üç hayalim vardı
kitap sayfalarından insan yontuları yapmak
can vermek sihirli değneğimle
yaşam hakkında kitaplar yazmak

1
göl kıyısında yıldız seyrediyordu
usulca sokulan şehri fark etmedi
donup kaldı varoşların dokunduğu yerde
tam ortada kitap okuyordum

2
genç adam inledi 'öykümü kurtar'
'alnım rölyef yüreğim taş
(b)üstümde erk bekliyor engerek'
kitap okuyordum
elimde sihri ayarsız değnek

3
yazamıyorum!
ardımda keskin heykeller
doğranıyorum kaidesiz satırlara
paragraf uçurumunda yitiyorum
yıpranmışım
usum göl kıyısında
ansızın
bir şehir dokunuyor ayak uçlarıma...

dejavu

annem fabrikaya gider
babam bekçiliğe
yarına ödevlerim
matematik ve Türkçe
kardeşim uyanır süt ister
az sonra yatarım

annem fabrikadan gelir
babam bekçilikten
yarına ödevlerim
matematik ve Türkçe
kardeşim uyanır süt ister
artık yatarım

okula giderim
babam pazara
zil çalar
boya sandığıma
kardeşim pisler
annem temizler

akşam olur
işten dönerim
herkes çorba içer
ben annemi öperim

annem fabrikaya gider
babam bekçiliğe
yarına ödevlerim
matematik ve Türkçe
kardeşim uyanır süt ister
az sonra yatarım...

origami

çöpten kâğıt toplayan çocuk
kâğıttan kayık yapar
yağmur yağar
kaptan olur

çöpten kâğıt toplayan çocuk
kâğıttan uçak yapar
rüzgâr eser
pilot olur

çöpten kâğıt toplayan çocuk
kâğıttan kar yapar
kış gelir
adam olur

çöpten kâğıt toplayan çocuk
çöplükte ölür
kağıttan tabuta gömülür...

pastoral bir caz senaryosu

akortsuzdu hayatlar
hiç tını yoktu özenecek
bilemeyiz

hangi dağın alevinde yıkanır
su sarhoşluğuyla avunan külkedileri
gizler mi kent mit'leri anka'ların son nefesini

başlıyor
gün ışığı ses ver

I

kıskanç sevgili ve hırçın kızın akıl almaz neşesi

adımlar yürüyor dansçının üzerine
alto klaksonlar kanatlar kanatlar
ritim tutuyor logar kapakları
caddenin karın boşluğunda yaylılar
huzursuzluk aşk ve kayıp ekmek çığlıkları
asfalt tabanlı adımların ucunda ziller
ritim
köşe başı arayan karanfil çingeneler

II

umudunu geceye bağlayan kadınların nakış korosu

şehir güvertesi
iplik tellerde gerilimli çocuklar
gergefe dokunmuş evlerin boyut sessizliği
el çırpan sütü kesik memeler
yakarış soneleri
kanatsız görünen bulvar güvercinleri
küçük pençeleriyle piyanodan soloyu kapıyorlar

seyyar ve mutlu yüzünü çıkarıp öpüyor kadın

III

ince giyinmişliğin ipek sevinci dinlenirken

damlar sirenler çılgın
akrep vardiyasının paydos sesinde usulsüzlük
ardında belediye bandosunun aksak neşesi
nakarat
vurmalıların sesi
çıngırak işçiler
bas klaksonlar, simitçi ve uçuyor yaprak
serenat
bulutlar bulutlar ötesi dağlar, yüksel
kartal açlığı
ne görecekler var
ritim
sere serpe yel dinletisi
başı boş
kanatlar kanatlar
hemen şimdi
atonal!

us
dalgalar kuru pembe
dans
okyanus kadar çıplak
tüm notalar!

nasıl sevişilir beton balinalar önünde...

kaburga

yarmış kafasını güvenlikten sorumlu polis
güvenlik çemberinde
kendini güvende hissetmeyen gencin

'tek yol … iş aş'
'tek yol … insanca yaşamak sömürülmeden'

polis ne istermiş?

ilgilendirmiyor düzen
sol ya da sağı yürünen yolun
karnı acıkmasa
hele pirzola çekmese canı
her şey oyun
ama

'karnım aç' diyor küçük evin odasında
küçük çocuk polis babasına

'büyüyünce pilot olu'cam'

karnı acıkmasa
bir de pirzola çekmese canı insanın
gözü yok mu gözü
toprak doyurasıca
bir görebilse
ucu nerede

eğreti duruyoruz arasında
insana insan dövdürtenler
ve öldürtenler karargâhının
tam ortasında
kendimize aç
yamyamlığımızla...

barbunya

kaçın kurası olduğu kavun yiyişinden belli
zat-ı muhteremleri
özel muamele uyguluyor masadaki sövüş beyinlere
tam teşekküllü rakı sofrasında zemzem eksik
sanırsın Lozan imzalanmakta

anladığım kadarıyla Servet-i Fûnun'un
etkisi konuşuluyor Rıza Paşa mektuplarına
Paşa'nın ilminden de
servetinden de habersizim

daha vahimi sağdaki ihtiyar hıçkırıyor
genç adam pilakiyi yuttu
'sol tandanslı bir şairdi'
deyip 'hık' lıyor
'bugün olsa
iç…e..ri alırlardı, içeri
gecesini gündüze kattı vatan için
her şeye muhalifti rahmetli'
le poéte travaille!
onaylar gibi sallanıyor kafalar
millet içten içe geğirmekte
bu pilaki adamı fena ediyor…

saçma ve sapan

bir sürü anlam
kalemi zarif mekteplilerin
elinde değer kazanıyorsa
bir sürü kalemsiz
nasıl anlam çıkarır
kendine dair yaşamdan

yarım bıraktım diye
arkamdan ağlayan yemek
beğenilmediğine değil
açlıktan ölen
çocuğa ağlarmış meğer

yaşam hakkında bilgisi olmayan
balık tutun
ancak sudan çıktığında
fark etsin ölümü

yaşam ölür
ahkâm zaman öldürür

burada yaptığı gibi...

kolaj

soğuk esinti
gökten mi sızıyor geceye
yoksa aydede
yaralarına mı üflüyor dünyanın

olsa olsa kör bir vapur
denize çarpar
rıhtım uyandığında fark edilir
sönmüş deniz feneri

kırık ütopyalar dala konar
kuşlar gagalar
çocuklar
yapıştırır

meleklerin ağlamaya cesareti yoktur
sadece
okyanusu örtüp
fenerleri yakarlar

insanlar mı?..

travma

avazı çıktığı kadar bağırıyor gececi:
'travmalı düşlere hasarlı yaşamlar aranıyor!'

kaçan uykular nerede saklanacak
kâbusun ısırdığı adamlar kanıyor
tecavüze yeltendiği kadınlar kanıyor
sesini yükseltiyor gececi:
'travmalı düşlere hasarlı yaşamlar aranıyor!'

gececinin koğuşunda yataklar tıka basa
üst üste uyurgezer
lekeli bedenlere kefen yamıyor bekçiler
sökük adamlar
iplik kadınlar
kaçan uykular
kapı önünde yırtık rüya bekliyor
geceye insan tozu karışmış
elleri puslu gözleri pullu
idealler salya sümük
haykırıyor gececi:
'travmalı düşlere kopuk yaşamlar aranıyor!'

yıldızların keyfine diyecek yok
her biri yanıp sönmekte öte tarafta
hepsi nur topu
yarısı kaçmış uyku
yarısı eksik insan
dışarıda yanık çocuklar çığlık çığlığa
içeride korkuyor cenin
gececi zorla çekip çıkarıyor
küfrü basıyor peşi sıra:
'travmalı düşlere ezik yaşamlar aranıyor!'

sahipli kadın metroda
sahipli adam yolda en erken
öte adam borsada
boş kadın silkinen kariyer
iki bebek bir ev
dü ve yek
irkilen adam
çocuk kusan gündüzcü
kadın bir şey icat eder bu yüzden
aç kalmaz hiç biri
gerçeğin düşünü soyar şehvetli gözler
şeş ve beş
kafasına yaşam sıkarlar ölümün
ne kadın kalır gündüz düşlü
ne adam
her şey düşsüzlüğünde boğulur gündüzsüzlüğün

kaybedenler sorar gececiye:
'bu ışık bunca hasarla nasıl yaşıyor?'
sayıklar gececi:
'travmalı düşlere kör yaşamlar aranıyor!..'

is'tas'yön

üzerinden ne trenler geçti bu rayların bilseniz
ahşabın çizgisi belli içinde tuzsuz deniz
hızlı derim çabuk anlar elimde düdük üflerim
sesimde söğüt dalı kuşlar kaçar kışlara

kaderimse üşürüm kutlu olsun yağan kar
bizim eller ısıtmaz ama soğuktan anlar
ıssızları severiz başımızda har varsa
harman başa yol başa mevsim keser üflerim

inecek yer olmalı tren mi geçti içinden
yüreğim tıngır mıngır kurnaz olur beklerim
ahşabım kemiktir ettir içimde yara akar
üzgü derim üzülmem boşa ahkâm beklerim

üstüme gömülecek toprak kokulu yollar
ne aşk kalır ne yolcu ne endamsız bir hayal
ray olur ezilirim lokomotif uğruna
herkes toprağa eker ben is'tas'yön beklerim…

SUÇ

hakim bey
pek hızlı olup bitti her şey
zifir geceydi hatırladığım
hani en siyahından
hani çıt çıkmayan

kıyı boyu yürüyordum
tedirginliğim vardı
sanki dalgalar
saldırgandı
martılar hırçın
tutarsızdı gökyüzü

yanıp sönen bir şey gördüm
belli belirsiz
dokunup geceye kaçtı
ne bileyim
yitik bir dilek sandım
yakamoz tutarım dedim
kendi aklımca

aniden
aralandı bulutlar
derken
bir şey parladı
donup kaldım
beyaz pelerinli
bir salkım ışık
karanlığa daldı
zavallı gece
hâlâ ninni söylüyordu şehre

ardından
bir salkım daha
peşi sıra bir daha
bir daha
'aman Tanrım' dedim
gece fırladı ayağa
iş işten geçmişti hakim bey

ışıklar el ele
tutuşarak
dün gecenin kalbinde
iri bir güneş çizdiler
kristal hançerleriyle

karanlık
yırtıldı
gece çocukları
avuç avuç yıldız topladı sokaklardan
uykusuz kaldı nice âşık
ağır tahrik vardı

haneye tecavüzdür bu dava
hakim bey
kim olsa vururdu
anarşist bir mehtabı...

uzay sarhoşu ikilemesi

I
yıldızlar göz kırpıyor
alınmıyorum
büyük ayıdan barmen olursa
samanyolu meyhane
varsın sevgilim
başka galakside oynaşsın
bizim mehtap
bu gece de şahane

II
tahterevalli oynuyor güneşle ay
güneş yılışık ay kaypak
mangalda ağlayan balığı susturun
deniz konuşsun
mehtap'ı bahane edip araya girme
ulan rakı sen de çok puştsun...

iz-düşüm

bağbozumu

başka dünyalardan gelip göreceğiniz
beyaz güller olacaktı aşkların yakasında
inatla çekiştirdiniz mevsimleri
aşklar doğmadan öldü güller

kadın sesi zamansız çaldı on ikiye beş kala
lal gecesi susuzluğu
kekre tenlerden akan gözyaşıyla dindi
çok ayaklı adamlar sarıldı beline
bağ bozumundan az önceydi

yoldan çıkan tacirlerin gözü yok üzerinizde
yüklüdür küfeleri belleri kıvranır
terli hamallardır efendileri
şarap testisi devirirler toprağa
kökler ayyaş dallar ayyaş
unutturur panayır telaşları
hilkat garibesinin çadırında direnen
koruk dudaklı sevdaları
bir salkım pahasına inletirler

yaradılış

ey tanım/sızım
çağlattığın sulara ipekler mi değdi
ne güzeldi tenime ten ekmen
dolandı mı bağlarında umutsuzluk
kıyısında hayat suyu içerken aşk

çilesi dolmadı efsanelerin
sandukasında ne acılar var
beden çarmıhta deri değiştiren
ruha inat bakire kaldı

bağ bozumu öncesinde
başlat iklimini - yaradılış tohumlandı
ötesi ışık ister
yeni renklere kavuşmasa da güneşler

bir'leşme

doğumuma saplan kadın
sana adak dudağımın ağrısı
rahmin ne âlemler dikti
düşürme
toprak hırsızıdır duyguların
sana yakarıyorum duy

sesim ne nefesidir şarap tanrısının
ne dirimi destanlardan aşan
ölen öldü kadın
aşk yalan da olsa
sen yarım kal!..

gen soru

paslanmış çarklara
süpürmem küçük böcekleri
tohum yorgunu diş(l)ilerin makine boşluğunda
çok korktum çok
karanlıktan al aklımı
bedeninde (s)akla anne!

tekil organizmalara duyuru
uzaya ham(i)le
yüksek varlıklar uçmaz hormon motorsuz
zaten tomurcuk ceninler şifresiz kapı aç(a)maz
beşik sallamaz sıradan fareler

bol kobay
kıt karanfil
lekesiz dudak izi
şifalı memeler azap çekecektir
üstelik kardeşim ölecektir armağan doğumuma
prolaktin'siz sarıl(ma) boynuma
anne!

dikkat!
genetik maksadı aşan soru izinleri
ikinci emre kadar iptal edildi...

yanık kokusu

üşür müydük
çırılçıplak

ellerimizi
hatırla(ma)
eldivensiz
dokun(a)mazdık birbirimize
onu da hatırla(ma)

sana vereceğim şehri bitirmedim
bitse
verir miydim
plastik gülleriyle

karlı havaların aşkları
yanmaya görsün
plastik şehir kokusuna dayanamam

baloncunun balonu
kokar mı daha az beter
macuncunun macunu
dudaklarında kalır
cezbeder

salkım söğütlü olan
kayıkçının parkıdır
hani fıskiyeli olan
içinde sen olan
ne zaman yağsa yağmur
gökkuşağından kayarsın
şarkı vardır aramızda saklanmış
kürekler su sıçratır
altında ıslanırım

kayıkçının parkası
yanardı - o zamanlar
plastik kokmazdı şehrim

seni üşürken sevdim
kollarım kükrerdi
orman vardı bahçelerde
bulvarlar kuraktı
çöllere dayanamaz
susardım

hurma mevsimsizliği
cilvesince önemli horoz şekercinin
sokaktan geçenler odun kokardı
plastik saplıydı kalbine sosyetiklerin
korkardım

şehri son yaktığımda
içindeydim
islendim
soğuk bir gündü
yürüdüğüm yollar buzdandı - düş'tüm
eldivenlerim tutuştu
benim aşkım kardan kadın
senin aşkın kardan adamdı
ikimiz de havuç sevmezdik

üşür müydük kış geceleri
bilmezdik...

ISSIZ

de ki dolanıp duruyoruz çatı dibinde
hele yağmur da yağıyor
toprak kokusu sarmış seni
kıskanmışım

de ki kimse yok etrafta
hele içerde s(z)aman
kaybolmuşuz
kendimizde

de ki bilmiyorum neden
hele sus
de ki yağmurdu

hele aşk?..

sidelya

düzgün duruşlu bu âşık
yanlışlıkla öptü gölgenizi madam
o ki içinde salınıyordunuz

gölgeniz üzerimden geçti madam
kalbim kaz ciğeri
yaklaşmayın
bir kıvılcım yakmak uğruna teninizde
ellerim çakmak taşı olur keser sizi
ıslak emellerimi üfleyin ne olur
size ıslağım madam
size kan ter'im

beden'im
ah madam hangi hayalinizde
dokunurum size korkarım sizden
üzerim

bilmeyin madam
kimim neyim
kibrit miyim sürtününce alevleneyim
çıra mı iyiden iyiye

madam karşı ev vardı ya hani
siz taşınmadan önce…

gölge, aşk ve sinekler

kırık suyun cama tutkusu kadar sarılmadınız gözlere
yerçekimine değil uzaklığın sözlük anlamına yenildiniz
cibinliğinize konan sinekleri yıldız bildiniz
suskun seviştiniz radyo gecelerinde
bu muydu gölge altında aşk

size dokunan gitar teli ve kırmızısıydı şarabın
kaprisliydiniz illa da gri
çıplak bir komünist kadar
şiirlerden uçup geceye yapışan yıldızları sinek bildiniz
vardiyalı bir akşam telaşında seviştiniz
bu muydu gölge altında aşk

göndere çekilen vebaydı umutsuzluk
erdem yağmalandı yığma mağaralarda
erk etekleri öptünüz varoluşa dair
üzerinize konan ütopyaları yorgan bildiniz
zührevi ülkelerde genetik seviştiniz
bu muydu gölge altında aşk

çerçevesine dokunulmuştu zamanın
kimine göre şeffaftı sonsuzluk
kimince bilge bir uzgören
şiirlerden uçup ruhunuza değen sinekleri tanrı bildiniz
postmodern gizinde seviştiniz kara deliklerin
bu muydu gölge altında aşk

ne sevdalar konakladı usunuzda
pek yalnızdınız ağaç ve siz
gölge altında çiçek ve günce
kırık su tutkusuyla elinize bir sis sarıldı
şiirlerden uçup
çadır inceliğinde gizeme dönüştü zevk
mehtabı umursamadan
göz aydınlığında seviştiniz
tutkuyla koşan parmakların hızı kadar cüretsiz
bu muydu gölge altında aşk

zaman ve siz
ten rengi şizofreninize tutsak
ve o kadar şehvetliydi
gölge, aşk ve sinekleriniz...

incelikler

ne kadar seviyorsun
çok mu
ne kadar çok
dağlar kadar mı
dağlar ne kadar çok

gittim
üzgün müsün
boş ver
kalsam ne değişirdi
ne saçma değil mi

sabaha az kaldı
Sabahat yok
dün sabah ata binip gitti
hâlâ yok
at geldi
sabah geldi
Sabahat gelmedi

her şey yanılgı
çok saçma
ço...ok

bir iki üç,… beş
bir iki,… beş
bir,… beş
…,
dört - dört'lük düşünmeli yaşamı
determinik mi
kesersiz mi

dağlar ki kalıcı değil
ve Sabahat dönmeyebilir
tüm hesaplar

beşi bir tek
ödenir

mi?..

kim

masal çapağı göze batan
yalanlar
süs - ten
çıplak mı dilenmeli
çolak mı
bil - sen

karalayın rengine
gör(e)meden kendini
kendi halinde

küçülseydin
evvel zaman içinde
(b)it gibi mi
severdin
im'i - kim kimi?

pis

korkmuş da omurgama sarılmış
fırtınalar hıçkırmış yüreğime
susma
üfle

nefesin pamuk-ana
öp
sütüne değdim
temiz değilim
döv

küçüğüm
a küçüğüm

büyüme bana!..

derinlikler

siyah perde asacağım gözlerime
dışımı görmesin içimdeki savaş

ayıklamak gerek uzun yollarda
ayağımdaki insan kendine batmış

erzak çantamda tereyağlı sevda mıdır umut
yolculukta nereden bulacaksa uzak yanımı

daha ne kadar düşmemiş yağmur var
her damlası gözyaşı
ve azınlık aşklarca yağmalanmış

çevirirken ucu buruşur zamanın
eninde sonunda arzuhalciyle sevişir masumiyet

ya düş görmeden yaşanmış gündüz
uyumazsak sadece geceleri mi ölürüz
kim bilir
diş(i)li öykülerden korkar vakitsiz samimiyet

başımız ağrıyor
zoraki sevda bekliyor gibiyiz
kendimize aç biilaç tüketmeliyiz
ölüm
insan m(n)aaşıyla yeryüzüne nöbetçi melek sanki
içimizdeki kambur can'ınki

delip geçtiğinde
gez göz hizasındaydı umut...

devinim

şahların
ve matların yenişemediği köşede
çürüyen incir yaprağı
topraktan aldığı cesaretle
çıplak dallarını düşlüyor
yeni yetme fidanların

... suçlar
... öldü
... ölmemekte
... ejderhalar
Babil'in hüküm sularında

ensest dirilişinde orman
masklardan korkan
iblisler mi
yoksa
bu uzamsal devinim mi
suçlu
yontusundan
nice bronz put'un...

peysaj

istikamet avlu
ileri
marş

rap
.....rap
..........rap........rap

kıt'a dur

gerekçe:

..... tarihleri arasında
..... milyon insanın
önünde kurşuna dizildiği infaz duvarı
yüksek mahkememizce
ölüme
bilerek ve isteyerek göz yummaktan
birinci derecede suçlu bulunmuş
mahkememizin aldığı karar doğrultusunda
suçu sabit görülerek
idama mahkûm edilmiştir.

duvarın son isteğinin ne olduğu sorulmayacaktır.

nişannnn al!..

savaş eskizleri

asfaltın üzerinde muharebe alayı ezilmiş durur
kadim dostun sevgilisidir belli mi olur
dedim koştum yanına

şarapnellere basıp düşmüştür bana sorarsan
belki umacı korkutmuştur yüreciğini, bommm
teyze ölmüş bu
teyze kolun kopuk
bummm

tahta tabancalı çocukları toplayın
endamı tekin değil
kim ki kanamalı mendil vermeyin
kış geliyor
tahta bacakları istifleyin
atın çürükleri
balık bilmezse halik hiç bilmez
tahta bacaklardan kalanları yiyin

tanklar korkuyor
amca
zangır zangır titriyor
elinde tabanca
tabancalı amca
benimle oynar mısın

kurşun yaralarını üfleyen çocukları vurun
saklanan çocukları ebeleyin
on ikisini geçmemiş erişkinleri vurun
daha büyükleri mi
alın askere
vurun
...
yerde yatan kadim dostlar
üşüteceksiniz
...
bu kedilerden adam olsa
rütbesiz kuma getirmezdi üzerime
tok kediler ölü eti sevmez
tok kedileri vurun...

kırmızı

dizi dizi ölüler
on binler
on binler kimisi adam
on binler
ölüler
ölüler kadın
kadınlar rengârenk

on binler
tahta atlı
on binler kanatlı
on binler süt kesiği
ölüler on bin
on binler çocuk
çocuklar rengârenk

on bin yıl
doğu batımlı güneş
uzak el
on bin iktidar kanı
medeniyet on bin
on binler savaş
savaşlar rengârenk

ışık duman
bulut matem
on bin mabet
toprak aç
on bin yakarış
yakarış gök
gökyüzü rengârenk

on bin ay sönümlü asker
on bin gayya kuyusu
lekeli çıkrık
boylu poslu
on binler uygun adım
adımlar kırmızı
kırmızı rengârenk...

chava

kristal gecesinin
kırık nefreti battı sokaklarına şehrin
kanıyor insan
cennetin zebanileri katarlara takılmış
konsantre beden taşıyor Treblinka'ya

öleli çok olmuş kuzeyin yıldızları
yapıştıkları cesetler üzerinde
ayaz yağmur toprak
çamurdan put yontmakta
kolu yaralı Menora'nın
pansumanı tutmuyor küflü ranzalarda

Varşova sokakları açlığıma saplandı
derim sesime yapışık neşter işlemez
ruhuma çelik entariler ördüm
erkeğimi aldılar
kafasına sıkılan kurşun oldum
akan kan/ım
mezarım getto'nun kalbi
mezarım şehrim
mezarım bebeğim

bacasından yanık hayalet tüten fabrikalar
akşam vardiyasında
kürek kürek kemik kemik
bulutlara ceset yapıştırıyor
kan yağmurları yağıyor üzerine tarihin
bir kez daha
çarmıha gerilmiş…

mezarım gökyüzü!

ok

savaşların sebebine ‘aşk’ demeli
ki
onca ölüm işe yarasın
hatta
tabutlara kalp resmi kazınmalı
istersek
Eros’un oku kan kırmızı boyanır
bir ucuna
‘insan’ yazarsın
yukarıya
‘ölü’
hiç olmazsa savaş anlam kazanır...

güneşçe

insanın niyeti kötü olmayagörsün
tencereyi hışımla koyar ocağa
kimi yakacaksa

ah dilinden anlasaydım eşyanın
sorgulardım işkenceye dair

nehirler
neler konuşurdu
her damlası hangi derenin kürtajı

denizler nehirleri yutmuş da
kimseye anlatamamış
öğrenirdim bilsem dilini

ya bulutlar
ya o pasaklı veletlere ne demeli

her şeye rağmen
sus(a)rdım
açgözlü karanlıkla

fıkır fıkır bir saatle sohbeti yeğlerdim
'durmak' korkusunu söylerdi
'kurarım yeniden korkma' derdim
güler geçerdi...

aksan

güneşin aksanı yok

gölgeler
fısıltılı

ateş
zehir zemberek

su
huzursuz

toprak
sevecen

güne dair ne varsa
hava

ah! dilimden anlasa…

derin

labirentini tekmeler
ince kozanın
derin kara
kıvamınca uçuk pembe

us'lanmak için hasat bekler
kaç ekenek var sende

hiç bir akit kutsal sayılmaz
sandığında çeyiz
dantel beyin
örümceğin
ağ kaygısı
pupa ister
sınıfsız yıllara doğ(rul)
sınıflara büyü böceği/m...

salınım

bayram eşiklerinde
üzerimizden kayan yıldız şekerleriyle büyümedik
olsun
oyunlarda masal sevdalarının merhameti yoktu
göbek atardı uçurtmalar
gelip giden biteviye zamanlardı

aşkın mundar ettiği kemiklerle kibirlendi sanrı
müsvedde hayatlardan temize geçmemişti dizge
anlam eşkıyaları bile
inanmadı çivi(t) mavisi yazıtlara
onlar ki
korkusu kayıp halklardı
onlar ki
yağmur günlü intiharlardı

vurgusu ünlemsiz çığlıktı dünya
ve gözyaşımızdan acısız koparttığımız
içbükey rüya - gördüğümüz

zamansız kızaran elma uğruna suçlandık
olsun
dönencelere basmadan karşıya geçen oyunlardık
meridyen atlardık bir-dir-bir
yontusuna inanmazdık güneşin
içimizde destandı okyanus akıntıları
düşlerimize uyuklardık
aceleciydik sabahlara
olup bitene müptelâydık

kirpiklere takılmış imgeydi dünya
ve gözyaşımızdan acısız koparttığımız
içbükey rüya - gördüğümüz

kapılar arasında salınırken sarkaç...

plütonik aşk

deniz kıyıdan korkar
dahası var
soğuktur bazen mevsimler
üşümüşüm
yanıma gel

öp ki ağı çalınsın
içimde kör yılan
azat et
o kendini sokamayan nefret

aklın sevda kısmında
zehirli bir Derviş ağlar

hava malum
çıplak
öykünecek beden yok
gölgen ışığa aşık
göğsünde anne gizlisi
ıssızında kaybolur
'ben'

birbirimize yapışmıştık
yalın ayaklıydı herkes
kendim
aklımın ermiş'i
salkım saçak aşk oldu
neresini ısırsam Derviş ağlar

yola koyuldum
denize uzak kıyıya yakın
yenmiş yamyamlar buldum
sevdanı al bahane

solgun suratlar gördüm
gölgeye mahkum

'böyle aşk olur mu' dediler
sessize göçüp gittiler...

suratsız

bal-babam heceledi
çıkıp geldim yüzü koyun
püren ektim çorağa
toz duman yol ettim
eşraf dur demedi

batası diken
gül anam gül - solgun
yamacımda oku
sütlaç-kızı tarifinden
dudağıma ilham alayım

kurumuş deniz ağlayan yok
gece kandil
olmuş da ne olmuş
deniz aynı deniz
mezar kara mezar

uç babam uç

bizimki
hatıratında gül küflenen çocuk talihsizliği
sizinki?..

uçu-yorum

ayaklarım yere basmıyor
koca küre şaşkın
dönüyor

elimde
tutuyorum
kaçar
bırakmaya korkuyorum

takla atıyorum
rüzgâr gıdıklıyor
gülüyorum kahkahalarla

yükseliyorum
küçülüyor insanlar
evler ufalıp
kayboluyorlar
ne ülkeler haritadaki gibi
ne iktidarlar
altında incir çekirdeği
üstünde sonsuzluk var

yorulup
güneşe konuyorum...

tek kişilik gece

pelerin giymiş yıldızlar
göğün koynunda herkes
sağanak yağıyor ay ışığı
saçaklarda ses
damla
iki damla
üç damla
bir nota bir es
ki Garbarek aşkına Neyzen tadında

belli oldu şimdiden
gece zor gidecek zor
ay'dan dedeye yıldızlar fasıl geçecek
aksayacak nihaventte gökyüzü
aklım almıyor
nereye yürüyor bunca nefes
eskiler telaşlı gözler yaşlı
aşklarsa enfes

gökyüzünde takılıyor ayağım
çocukluğuma
kısa metraj az renk çok siyah-beyaz
ki Fellini aşkına Kubrick tadında
gözlerime perde inecek

bağlanmış uykum
balıkçı düğümü olmuş rüyalar
içinde biraz cacık bir duble rakı
düşlerim lüfer avlıyor
aklıma olta batmakta
ruhum çıplak
gece zor duruyor ayakta
göğün kafası karışık
çoban yıldızı'nın koyunları
ellerinde fırça
boyuyorlar uyutmamak için
rengârenk az parlak çok siyah
ki Vinci aşkına Dali tadında

zor yaşandı hayatlar zor
anılar duvar
ön arka sobe yıllar
bir resim balık ayıklıyor
albüm tufan
gece kâğıttan gemi ben akıntıda sayfa
ki Nazım aşkına Veli tadında
kalan ne varsa yol
o uzay senin bu uzay benim
geçmişe verdiğim sırt sızlıyor
başım ağrıyor

sabah yakında...

buğu

soğuk odaları severim
ayazın paltosuz giremediği tuvalet
adamın bokunu dondurur
yatak odası ocak
yattığın şubat'tır
yorgan buz dağları devirir üstüne
ilk girişin fahişe şefkati
ardından sevgili olur
hüzzam olur sarar
sabah olur
içinden çıkmak kâbusun olur

sabah çayını severim
çaydanlığın ilk ışıklarıyla
aydınlanır mutfak
hayat başlar buharında
buzun çözülür
içinde küçük balıkların yüzer
küçük üzüntülerini iştahla yerler

kızarmış ekmek
bir başka göz süzer vişne reçeliyle
kol kola girer
soba başına geçersin
kedin süt içer
sen keyfini
kedili ve sobalı evleri severim
sabah çayını sevdiğim kadar

sonra
karda yürümeyi severim
yaşadığını anlar insan
attığı adımın izi kalır ardında

en çok
buğulu camları severim
keyfine doyulmaz
karlı sokak lambası ışığında
parmaklar kalem olur
çizersin
çiçektir
isimdir

cam önünde ağlamak ne güzeldir!..

şifre

gün sonu
kısa hece
çağ ölür
yirmidördü geçince
çağ doğar
boşluğa

yaşlı günce
solmuş zaman döker
çiçek tarlalarına

onbin güneş erir
hangi elmanın içinde
kim bilir

akşam üstü serince
gece ayaz
kısa hece
an biter
yirmidördü geçince
an doğar

ardında...

soluk

çok geç

kader ânındı
seni seçmişti soluk

sana dair yaşam geçmişti
fi gecesinin
on ikisinden

yoktun...

dönüşüm

nereye konar sonsuzunda terlemiş zaman
dur durak bilmeden ışıkları gezer de gider
hiç mi dönüp bakmaz fi'den kalan harabeye
bir buluta basmadan
gökler etrafında döner de gider

biter de gider mi hayat
can'lar onu sevmez mi
duyulmaz mı doğmayanların sesi
sular saat olur
akar saniyenin kuruttuğu bataklığa
her kâinat kendi yıldızını çizer
içinde yaşlı çiçekler solan
bir surat yapıştırır üzerine
kalanı örter kalanlar
gömüler gün olur aydınlanır
gün gelir
her şey bir karanlıktan doğar ve biter

hayat yarın'a kısa
yaşanmış bir avuç kül
yetmeyecek ne geçeni
ne kalanı an(ı)ların
gözlerinden kuşlar uçup gidecek
bilmeden konacağı yeri
sonsuz göçünde terli zamanın
bir avuç kül ve toprak
ki onlar(ın) için(de)
gitmek korkusuyla yaşlanan çiçekler titrer
kalanı gömer kalanlar
gömüler gün olur aydınlanır
her şey bir gün son bulur
bir gün başlar yeniden
her şey karanlıktan doğar
ve bir gün yeniden biter...

kalıntı

dolaptaki radyo içinde
kuru böcekler görünce anladın
duvara mıhlanmışsın
emziğin fal taşı

sararınca anladın
çivi sana alışmış
pıhtına sinekler yapışmış...

adımlama

içine düştüğü tuzaktan haberi olmayacak
gökyüzü mavi giydiği sürece gündüzleri

kanın kırmızısı renkleri güzel kılan
aktıkça doyar
kusar üzerine karanlıklar prensinin
peşindekilere aldırmaz kudret

(g)özümden içeri ak
gördüğünü anlat
olmadı mı
dön ve bak
ters yüz mü olmuşum

bilmeden önce kendinle oyna
yeter ki ölme derin'e düşüp
bir avuç kumaştan
ne kefenler çıkar sende(n) yitip gidenlere

posedion'dan tat alamıyorsan kılçıklı diye
anlamaya kalkışma
seni sindireceksen ayıklama sakın

bilinmezin ağır olmamalı bedeli
öğrenmemek hiç değil
suyun darasız ağırlığı hissedilmez bedende

kimse için ölme
kendin için öl
kimseye kendin için 'öl' deme
bırak da yaşamın erdemini
fark etsin yaşayan her can
ölümün erdemi uzak dursun bizden

sitem düşmüşse aklına
düşür koynuna içindeki engereğin
emzirsin
büyütsün dağ olsun önünde
saplanamaz çatal dilli söz
engereğin aklından
insanı ağlayan kılmış özüne

kuyruğuna basma lâf tükürme sakın
ağulu kin yutulmaz
olacaksa dilin kör olsun
yüreğin değil
görmeyi bil
aynaya dille bakılmaz

us'udur bilge olan insanın
öğretiyle gem vurulmaz hayvana
sakince yürür ardından
aç kalırsa ısırmak güdün
medet umma insan yanından

insanaysa diyeceğin
kendini bilir ona göre söyle
insansa oyuncağın
bildiğini sanma hiç

ölüm antik bedeldir
üzerine ne kitaplar düşer
çıplak kalmaz bedenler

gökyüzü mavi giydiği sürece gündüzleri...

çıplak mumya

tuzu kuru caddelerde balık gibi dimdik ayakta
durmak vardı ya
artık yok
bıraksa yakışan bir şey bulurdu üzerine
kılçık örtecek kadar
hani ayak uçları kanat çırpıyor pabuç içinde
demiştim ya
ilkin başparmak öldü
sonra bir kuş göçüp gitti içinden
güya elinde kabuklar olacaktı ve sen
saklanacaktın
kırıldı kavanoz yüzün
üzeri dudak dolusu konserve-gül izi
kapak altında buluşacaktın
güya
sustasız ve buhar saflığında - olmadı

derken yağmur yeniden yağdı

diyelim ki ıslanırken içi dışı balık bir şey oldun
dimdik ayakta
ne kadar yakışırdı su derdik ya
artık yok
ana / baba oldun kırık buzlardan
kutupsuz hayat diyelim
kolunda tıkır tıkır akrep dönencesi
zehir zemberek
erirdin ya
hani donmamış adın yoktu
bir bakıma yıldızlara yürürdün
diki dikine başı mamur
hep yakışan bir şey oldu üzerine
güya karanlık
güneşten saklanırdı
evet tam da öyle diyelim
kimseyle böyle ıssız sevişmedim

artık yok...

gotik

beyaz doğar gri ölür
korkak karanlık

gece uçar siyah kuşlar
kanat izleri şeffaf
peşinde kâbuslar
ezberi zayıf bir rüzgâr eser
giz dağılır

korku!
sana inat gecekıranlarım var
sana inat seyyar dualarım
loş saraylar buldun içimde
ecelimin kol gezdiği
sana inat benkıranlarım

gün doğmadan neler doğar
güneşinde sonsuzluğun
ya hiç yazılmamış sebepleri
korkunun?..

bilme/me/ce

tutsaklığı bilmeyen martı
nasıl bilir
kafeste yaşamakla
kafes kuşu arasındaki farkı...

istan'bul

kaldır yedi tepenin eteklerini
şehvetini göreyim İstanbul
Beyoğlu aşklarıyla salınan geceleri
titrek neonlar ve musiki ağlarken güne
yaş(l)anır alem akşamları yalnız nefeslerde

suskundur martılar dalgındır kanatları
huysuz bir geceye süzülürler aksak mı aksak
Haliç desenli sandallar
paylaşırlar veremli balığı
dalgındır yürekler
dalgındır
utançsa yarına kalır

çığlık çığlığa uyanır sabah
hırçın bir saattir çalan
detone akşam muhabbetlerinden
bir senfoni düşer yollara
uvertürü
geç yosmaların kahkahaları soluksuz
buharlı mesai gazeteleri
sabahın körü vapuru bekler kıyılarda
antik çerçevesine ayılır gün
bakire köpükleri katar önüne kovalar durur
'kaldır' der 'yedi tepenin eteklerini
şehvetini göreyim'
o geceden kalan erguvan aşk
o uyanan
o
İstanbul'dur!..

akdeniz

kıyısını bekleyen adamlar
deniz kızlarından
yoksundular
önce balık daldı karanlığa
sonra dans
begonvil
rüzgâr
bulamadılar
lacivert pek saftı oysa
Akdeniz

yırtılarak büyüyor gökyüzü
gotik kuleler batıyor
dikiş tutmaz
yeleleri
Akdeniz oryantal

şarabın lekesinde
çingene
raks
tak tak traak
güneşi gebe bırakıyor
her sarsılışında
ateşten rahmi
Akdeniz gün batımı

seveceksen
derinlerinden tut
ufuk olsun
aşkı yurtsuz olsun
boğul
Akdeniz'le sevişeceksen

dans
kırmızı rüzgâr
çingene

deniz kızlarını ürkütürler
çılgın yeleleriyle...

deniz korkusu

işi bilmiyorum heyecan
bırak gideyim iç sulara

batırınız sandalı derin denizler
aklımda mercan izleri
ufkumdasınız

hiddetlendi derin sessizler

fırtınası var dalgası var
girdap
nereye kadar
bilinir mi dipsizlik

nasıl ki
akvaryumda balık
tam da öyle
hava dindi üstüme

açılamadım
sil baştan
elimde kaldı
çırpı sıratlı heyecan…

ikilem

isteksiz yazıyorum bu satırları
büyük düşler kuran büyük adam
kış esintisi getirdim sana
bir de çıplak ağaç
ilkbahara kanma
çiçekler saklar kırık dalları

istedin diye yazıyorum bu satırları
küçük düşler kuran küçük çocuk
bugün şubat
üşüyeceğiz çözülene kadar buzumuz
sonra denizler ıslanacak
ardından
çiçekler hakkında konuşacağız...

çiçek

çiçeklerimin çeşit çeşit mevsimi vardı
her gün biri
susuzluğa ağlardı

yağmur havası telaşları
bittiğinden beri gamsızım
biraz güneş
biraz ben
biraz sararmışım

çiçeklerimin çeşit çeşit böceği vardı
her gün biri
yalnızlığa ağlardı

başucu düşlerimde
ele avuca sığmazdı sevinçlerim
uçsuz çayırlarda serpilir
mavi kelebekle aşk yaşardı

çiçeklerimin çeşit çeşit saksısı vardı
her gün biri
özgürlüğe ağlardı

yosun kokusu beklerdik
bir başınaydık ikimiz
dostluk seven pencereler
ve şakacı kuşlardı hayalimiz

çeşit çeşit çiçeklerim vardı
biri her gün
bahardı...

özelliksiz ve çirkin

sızmayın dar yaşanan yıllarınızdan
ben şubat eksiğinde öleceğim

yoktu modern bakışım
sıkıntı
optik okuyucu bulmaktı

içine edilesi kader
ne kadar günahım varsa çaldı
hani utanıp saklasa
yine bir yerim yanacak
fare tacizden usanmış
klavye mecbur

ey haram yemişler
haramileriniz kırk para etmez
kırk katır çiğnesin döşünüzü
kulpu kırık ahkâma küpe olsun kulaklarınız
daha kuyruklanmadan kesilesi ceninler
sizi gidi ruh gardiyanı yedieminler

ulan insan nasıl da kaptırıyor kendini
yazmak güzel şey dövemiyorsan
isterse sudan gelmesin
güzel oluyor yazmak
güzel

siz de güzelsiniz
çapkın amca
ellemeyin teyzeyi gıdıklanıyor...

kaynaşmalar

uçmaya doğan civciv tanır mı kabuğunu
çiğ yumurta akında sarı uzay daraldı
azimli bir tavus atlamış yüce dağdan
ne ola ki zararı

kemikler azap çeker çürüyecek dul etler
hısım gezegenlere borç almaya gitmeli
ateş ise döşeği bir köşesi panayır
uğruna kan dökülen okulları yakmalı

evrensellik kucaklar korkusuz sevdaları
çıplağın yakasına gezgin yıldız yakışır
her gün doğar kâinat kavuşursa aşkları
devingen ayrılığa her şey bir gün alışır

bulamazsan anlağında yetkin kuyumcu
kıymet etmez gırtlağında adem elması

uyaksız nasihat

geometri bilmeyen güneşe kanma
üşütürsün karışmam
sırası değil sevişmelerin

parıltısına inanma her şeyin
yanarsın
pervaneler gibi konarsan dokunmadan

ağlama zamansız
'deli' derler
sonra kaçamazsın
tutup seni bir güzel yerler
sen bana bakma...

yalnızlık ve dostluğa karşı son gösteri

insan bilmemeli
sevilmediğini
zengin olmak böyle bir şey aslında
tırmandığı daldan
iki yaprak koparıp gülmeli herkese
yağmalanırken hınca hınç yalnızlık

brandanın rengi
çok mavi değil bugün
aşağıda yardım bekliyor cambaz
sivri harflerin üzerinde dans etmeliyim
dağılın bulutlar
gök masmavi
cambaz geliyor

bazı tellerde bozuk atlar koşturur
yeleleri defolu
dudak ucu gül boyası
diken vardır memelerinde
atlas kafeslere vurgun kısraklardır

in'ler
tekmeliyor kapıları
acısına kibrit çalacak yok mu alazın
bir akşam üstü sefasıdır paylaşmak
ey dilenci!
kaç topallama sürer yolculuk
ne zaman söner kibrit
ne zaman biter denizin tuzu

bak dostum
içinde bulut olmayan havada yüzmem ben
yalnızlık
her resme bakıp ağlayabilmemdir aslında
bozuk atlar ve cambazlarla
yaşanır her şey

kucak dolusu sefalar getirdiniz
hiç bitsin istemezdik
bitti

derken gittiniz...

1963 yılında Ankara'da doğdu.

Ankara Üniversitesi'nde bir yıl biyoloji / botanik eğitimi aldıktan sonra 1980'de İstanbul'a gelerek üniversite eğitimini İstanbul Üniversitesi Mühendislik Fakültesi-Jeoloji Mühendisliği bölümünde tamamladı.

Deneme ve şiir yazmaya lise yıllarında başladı.

Dil felsefesi ve sosyoloji üzerine çalışmalar yaptı. Amatör olarak kolaj ve fotoğraf çalışmaları var.

Tek kabuklu deniz canlıları konusunda uzman olan şair, yaklaşık iki bin türden oluşan bir koleksiyona sahip.

Evli ve bir çocuk babası. İngilizce ve Almanca biliyor.

İçindekiler